Johannes Heinrich Witte

Johann Amos Comenius in seiner kulturgeschichtlichen Stellung

und seiner historischen Bedeutung für die Entwicklung des Schulwesens,

im Besonderen der Volksschule

Johannes Heinrich Witte

Johann Amos Comenius in seiner kulturgeschichtlichen Stellung
und seiner historischen Bedeutung für die Entwicklung des Schulwesens, im Besonderen der Volksschule

ISBN/EAN: 9783743673731

Hergestellt in Europa, USA, Kanada, Australien, Japan

Cover: Foto ©ninafisch / pixelio.de

Weitere Bücher finden Sie auf **www.hansebooks.com**

Johann Amos Comenius

in seiner culturgeschichtlichen Stellung und seiner historischen Bedeutung für die Entwicklung des Schulwesens, im Besonderen der Volksschule.

———————

Ein Gedenkblatt

in Erinnerung an den 300. Geburtstag desselben

von

Professor Dr. J. Witte,

Kreisschulinspektor in Ruhrort.

———————

RUHRORT 1892.

Verlag von Andreae & Cie.

Johann Amos Comenius.

Inhaltsverzeichniss.

Joh. Amos Comenius.

I. Seine culturgeschichtliche Stellung und seine historische Bedeutung für die Entwicklung des Schul-, im Besonderen des Volksschulwesens.

1.

Die gebildete Welt in unserem Vaterlande, ja die ganze gebildete Menschheit richtet gegenwärtig mit erneutem Antheile im Geiste ihren Blick auf die mächtige geschichtliche Gestalt desjenigen gewaltigen Mannes, dessen Andenken zumal die Schulen und Lehrer kürzlich fast überall festlich begangen haben. Und in der That, Lehrer oder Schulmänner sowie amtlich mit dem Schulleben eng verwachsene Kreise hatten besonderen Anlass dies zu thun. Vor allem ist es ja die Welt der Gelehrten und Lehrer, die den Werken und Lehren, welche von Amos Comenius ausgegangen sind, für alle Zukunft zu hohem Danke sich verpflichtet fühlen muss. Denn Amos Comenius, der am 28. März 1592, also jetzt vor 300 Jahren, im süd östlichen Mähren zu Komna, zu Niwnitz oder zu Ungarisch-Brod — bis zur Stunde ist der Geburtsort noch nicht zweifellos festgestellt, 1) — das Licht der Welt erblickte, hat oft gar herbe eigene persönliche Leiden und Schicksale zu erdulden gehabt, er hat noch dazu gelebt in einer Zeit, wo Bürger- und Religionskriege Mittel-Europa verwüsteten, und er ist dennoch mittels beispielloser Stärke des Willens und Dank der neidenswerthen Ueberlegenheit seines gottbegnadeten

Verstandes durch eisernen Fleiss der Urheber von unsterblichen Werken der Schrift und der That geworden sowie
der erste Baumeister des planmässig organisirten Schulwesens
von ganz Europa. Führt dasselbe doch gerade in jener Ver-
fassung, deren Grundlinien allenthalben noch bestehen und
welche überall die herrschende Grundlage für die Schuleinrichtungen der Neuzeit in der gesitteten und gebildeten
Menschheit auf dem ganzen Erdenrunde geworden sind, sich
auf Comenius zurück.

Schon bei seinen Lebzeiten, während deren einige
seiner Schriften sogar in asiatische Sprachen übersetzt wurden, nahm der grosse Mann solche international-bedeutsame
Stellung ein. In der nächsten Nähe seiner Heimath, in
Böhmen, sowie in dem jener ebenfalls benachbarten Polen
hat er theils als Lehrer oder Leiter theils in Folge seiner
bischöflichen Stellung als Aufseher von Schulen gewirkt;
die schwedischen Reichsstände holten und befolgten
seinen Rath in Bezug auf die Gestaltung der Schulen, besonders seitdem er in ihrem Lande geweilt und mit ihrem
Kanzler Axel Oxenstjerna verhandelt hatte, in ihrem Auf-
trage verfasste er gerade seine wichtigsten Lehrbücher; auch
nach England hatte er sich, nicht ohne vom Parlamente
dazu mit veranlasst zu sein, persönlich hinbegeben und auf
Schuleinrichtungen nachhaltigen Einfluss geübt, nach Saros-
Patak in Ungarn zog ihn der Fürst Ragoczy und liess ihn
dort seine pansophische Schule einrichten, und auch in
Hamburg gab Comenius trotz vorübergehenden Aufenthaltes
sicherlich erfolgreiche Anregungen in gleicher Richtung; schliess-
lich brachte er die letzten $1^1/_2$ Jahrzehnte bis zu seinem am
15. November 1670 erfolgten Tode in Holland zu. Hier
lebte er, bewundert als Schriftsteller und gelehrter Pädagoge
im Besonderen, nicht minder gesucht und gefeiert als Meis-
ter in der Kunst, einzelne Schüler zu unterrichten: eine
Fertigkeit, die ihm Jahre lang sogar von manchem benei-

dete Einnahmen verschafft haben soll. 2) Vor allen war stolz
auf ihn schon früher gewesen der dort heimische, — meist
freilich abwesende und auf seinen schwedischen Besitzungen
lebende — reiche Handelsherr L. de Geer. Dieser unter-
stützte den Comenius von jeher eifrig als den Verfasser jenes
noch bei dessen Lebzeiten am meisten Epoche machenden
Werkes, der Janua linguarum reserata, die in wenigen Jahren
in 12 europäische Sprachen und sogar ins Arabische, Türkische,
Griechische und Mongolische übertragen wurde. Von wahrhaft klassischer Bedeutung für die pädagogische Methodik
des Unterrichts bleibt aber für alle Zeiten die damals schon
längst erschienene Didactica magna. Zuerst hatte Comenius dieses Werk böhmisch abgefasst, dann erschien es
in deutscher Sprache, und englischen Freunden wurde ein
Auszug davon mitgetheilt. Diesen liessen die letzteren ohne
Zuthun des Verfassers in lateinischer Uebertragung als
Pansophiae Prodromos 1639. erscheinen. Noch bei des
Comenius Lebzeiten wurde dieses Meisterwerk in der aus-
führlicheren eigenen lateinischen Bearbeitung hinausgeführt
zu den Völkern Europas. Denn Ludwig de Geer's Sohn
Lorenz de Geer ermöglichte dem von ihm zu Amsterdam in
gleicher Weise durch grosse Freigebigkeit geehrten Comenius
alsbald die Herausgabe der in 1 Foliobande gesammelten
Opera didactica, deren erster Theil auch die grosse Unterrichtslehre enhielt. Berühmt ist nächst dieser und der bereits
1627 erschienenen Janua linguarum, diesem Lehrbuche in
Wörterbuchart, vorzüglich der 1675 bei Endter in Nürnberg
herausgekommene Orbis pictus, das erste grossartige methodische
Bilderbuch, das Urbild aller Anschauungstafeln und planvoll
benutzten Veranschaulichungsmittel in den Schulen ; sodann ist
hervorzuheben seine 1648 veröffentlichte Schrift Novissima
linguarum methodus, in welcher er die Methode seines Sprachunterrichts kennzeichnete, darin in erster Linie den Parallelismus von Wort und Sache, das Hand in Hand gehen beider

fordernd, und endlich sind besonders verdient die neben der Janua das in eben genannter Schrift geschilderte Verfahren noch weiter verwirklichenden Lehrbücher, nämlich das Atrium und Vestibulum, 3) diese e r s t e n Vorbilder von einer b e - s t i m m t e n Klassenstufe angepassten, für alle Schüler derselben massgebenden Lehr- und Lernbüchern.

2.

Nicht zu wissen, was unsere Vorfahren gewirkt und geleistet haben, heisst ein Knabe bleiben. Dies ist ein sinniger und wahrer Gedanke des berühmtesten römischen Redners. Wollten oder müssten wir überall wieder von vorne beginnen, so wären und blieben wir wie die Kinder, so gäbe es keine selbstbewusste Entwickelung, durch welche nicht nur der Einzelne sondern auch das menschliche Geschlecht gefördert wird. Denn selbst beim Thier entwickelt sich ja freilich auch irgendwie das Seelenleben, aber doch nur das des einzelnen Thieres, das der Individuen oder Exemplare der Gattung. Ungeachtet dieser Entwicklung schreitet jedoch keine der Thiergattungen, kein Thiergeschlecht als Ganzes fort. Und wiederum ist auch das entwickeltste Thier eben darum seelisch höchstens ein ausgewachsenes Kind, also stets g e i s t l o s. Nur die mit Vernunft, d. h. mit der Fähigkeit zu selbstbewussten g e i s t i g e n Schöpfungen begabte Menschheit schreitet auch in der Gattung fort. Es giebt — aller Schwarzseherei und aller Dunkelmännerei zum Trotze — einen durch nichts aufzuhaltenden Fortschritt des Menschengeschlechts, aber eben nur auf Grund einer geistigen Erbschaft. Weil durch solche alles geschichtliche Wachsthum bedingt ist, darum muss für jeden gesunden und gesicherten Fortschritt der Menschheit stets ebenso wichtig erscheinen die Anknüpfung an das Vergangene und Bestehende wie die Fortbildung des letzteren zu neuen Gestaltungen. Jede besonnene und stetige Entwicklung der menschlichen Gattung ist zugleich erhaltend und erneuernd, ist conservativ und liberal in gleicher Weise und in gleichem Grade, ist nur dann nicht blos zerstörend sondern wahrhaft aufbauend. Auch Comenius ist nicht zum Wenigsten eben deshalb von so gewaltiger Bedeutung geworden, weil er das geschichtlich ihm überkommene Erbe höchst umsichtig ausgenutzt und erst auf dessen Grundlage mit gleichem Verständniss für die Anforderungen der nächsten Gegenwart wie selbst für die einer ferneren Zukunft seine selbständigen und schöpferischen eigenen Werke in tief bedeutsamer Auffassung der Aufgaben des Schulwesens aufgeführt hat.

In doppelter Richtung ist in dieser Hinsicht sein Zusammenhang mit der Vergangenheit unverkennbar und muss zugleich als in folgenreichster Weise von ihm gewahrt bezeichnet werden. Einmal steht Comenius ja auf tief religiösem Grunde, und sodann wendet sein scharfsinniger Blick die durch Baco und Cartesius auf die Methoden des Wissens gerichteten Bestrebungen der Zeit in Sonderheit an auf die planvolle Gestaltung der Erziehungs- und Unterrichtsthätigkeit und die für Ausübung dieser Thätigkeit zu fordernden öffentlichen Schulen.

3.

Was das erste betrifft, so gehörte er ja der böhmischen Brüder-Gemeinde an, die eine Mittelstellung einnahm zwischen römischen Katholiken und hussitischen Utraquisten. Bis an sein Lebensende war dieser Gottesmann erfüllt von einer tiefen und festgegründeten Religiosität, von einer geradezu unerschütterlichen Glaubenszuversicht, für welche selbst seine chiliastischen Hoffnungen bezeichnend sind, mit denen er den Anfang des 1000jährigen Reichs in das Jahr 1672 setzte.4) Jedes Menschenkind sah dieser fromme Mann an als unmittelbar getragen von göttlicher Liebe, als durch diese bestimmt für ein ewiges Leben. Jedes hatte das Recht und den Anspruch, für dieses himmlische Leben erzogen zu werden. Eben darum sollte es Schulen für a l l e geben, j e d e Gemeinde ihre e i g e n e besondere Schule haben. Die Schule ist nach ihm eine öffentliche Angelegenheit, keine Privatsache, vielmehr in erster Linie eine Sache der Fürsorge staatlicher und communaler Behörden. Deutlich bezeugen dies des Comenius Darlegungen im XXIX. Kap. der Didactica magna, besonders seine Ausführungen über „die Idee der Volksschule" und sein Zurückgehen auf L u t h e r s Aufruf an die Städte Deutschlands zur Gründung von Schulen im Kap. XXXIII derselben Schrift da, wo er von der Einführung seiner Universalmethode handelt. Schon der Nebentitel dieses Werkes, „artificium o m n e s omnia docendi", nach welchem es „die Kunst, A l l e n irgendwie Alles zu lehren" enthalten soll, bedeutet nichts Geringeres als die Forderung der a l l g e m e i n e n Erziehungsschule. Man hat überdies hervorgehoben[5]), dass die evangelische Kirche von ihren Gliedern fordert, dass sie zur Verantwortung über den Grund ihres Glaubens jederzeit selbst bereit seien, und dass vom Standpunkte dieser Forderung aus das Drängen auf eine durchgreifende Volksbildung als eine sehr natürliche Folge erscheint. Es ist dies sicherlich zuzugeben, ohne dass damit gesagt zu werden b r a u c h t, dass nicht schon der erste vorhin von mir angegebene Grund, der jede Konfession wegen der himmlischen Bestimmung jedes Menschenkindes den Segen der allgemeinen, letzthin staatlich organisirten und geleiteten Volksschule anzuerkennen antreiben muss, für sich allein dazu hingereicht haben würde, dass ein so frommer Mann, wie es Comenius war, zur Forderung der allgemeinen Volksschule gekommen wäre, auch wenn er nicht als ein einer evangelischen Gemeinde angehöriger Priester noch einen besonderen Antrieb dazu gehabt hätte. E i n Umstand

war noch dazu — wenigstens in damaliger Zeit — gerade
bei den Evangelischen besonders dazu angethan, in den von
diesen bewohnten Ländern das Verständniss für die Wich-
tigkeit der Allgemeinheit der Volksschule zu fördern. Dieser
Umstand besteht in dem Mangel jedweder über die Lan-
desgrenze hinausgreifenden oder überhaupt gesicherten Organisation der evangelischen Kirchen und in dem Mangel
der Unterstellung derselben unter ein eigenes gemeinsames
Oberhaupt. Da ein solches die evangelische Kirche nicht erträgt,
musste sie sich von jeher und zwar ganz besonders eben in
den ersten Jahrhunderten ihres Bestehens eng anlehnen
an die staatliche Macht der verschiedenen Länder, und so
suchten die evangelischen Gemeinden für ihre Kirche vorzugsweise auch dadurch einen äusseren und doch irgendwie
organisatorischen Halt zu gewinnen, dass sie die Einrichtung
von Schulen förderten, durch diese ihren Einfluss auf die
Bevölkerung sicherten, als Kirchenschulgemeinden sich zugleich in ihren Rechten befestigten und für solche Bestrebungen den Schutz der staatlichen sowie der Gemeinde-
Behörden und mit diesen mancherlei Befugnisse zu erlangen
bestrebt waren. 6)

4.

Hinsichtlich seiner methodisch-didactischen Leistungen
aber knüpfte Comenius in erster Linie an die Baconische
Richtung an. Auch hierbei machte er in einsichtigster Weise
die gewaltigen Strömungen der Zeit sich zueigen. Es ist
ja bekannt, dass man seit dem Zeitalter der Erfindungen
und Entdeckungen immer mehr sich dessen inne wurde,
dass die rein geistliche und scholastische Form des Wissens
nicht dazu angethan war, die Fülle des neu zuströmenden
Erkenntnissinhaltes zu bewältigen. Als man angesichts dieser neu entdeckten Gebiete einer lebensvolleren Wirklichkeit
die Magerkeit und Leerheit der scholastischen Wissensobjecte

und ihrer Abstraktionen empfand, glaubte man zuvörderst
durch Rückkehr zu den Schätzen des antiken Wissens die
menschliche Erkenntniss neu beleben zu können. Und in
der That, das von den scholastischen Hüllen und Grillen
entblösste Alterthum hatte eine befreiende und erquickende
Wirkung. Der echte Plato, der echte Aristoteles waren
lebensvollere Gestalten als der scholastisch entstellte und
gedeutete, die echte antike Wissenschaft reichere und frischere
geistige Kost als die mittelalterlich verzerrten und getrübten
Nebelbilder derselben. Das Zurückgehen auf die Quellen,
dieser humanistische Zug der Renaissance-Zeit, der Epoche
des Wiederauflebens weltlicher — den Menschen als
Menschen, nicht blos den Menschen als Katechismus-
schüler angehenden — Erkenntniss und Wissenschaft, be-
friedigte wohl eine Zeit lang die wissensdurstigen Gemüther. 7)
Und auch im religiösen Leben bedeuten ja Reformation wie
Gegenreformation nichts anderes als ein Zurückgehen auf
die echten biblischen Urkunden, oder — wie eben gerade
bei der Gegenreformation auf katholischer Seite — den
Versuch einer neuen Rechtfertigung des eigenen Standpunktes
vor, bezw. gegenüber diesen biblischen Urkunden.

Allein das nunmehr in der Echtheit und der Höhe
seines Standpunktes wieder erschlossene und wieder erkannte
Alterthum brachte doch nach Seiten des Naturerkennens
keinen Wissensinhalt, der geeignet war, sich mit demjenigen
der lebensvollen, am Ausgange des Mittelalters und am An-
fange der Neuzeit neu entdeckten Naturerscheinungen, Na-
turkräfte und Gesetze, der neuen astronomischen Wahrheiten,
der neu gemachten Erfindungen, sowie mit den Wundern
der neu entdeckten Länder zu vergleichen oder gar die
Aufmerksamkeit von diesen abzulenken; vollends bot die
antike Wissenschaft auch keine Methode dar, um des
Reichthums dieses neuen Wissensinhaltes sich mit Erfolg zu
bemächtigen. Wir Deutschen verirrten, gefangen genommen

von dem Ernste und grüblerischen Tiefsinne unserer religiösen Spekulation, bei solchem Suchen nach einer angemessenen Methode für das weltliche Wissen uns in dem Dickichte der Mystik, der Theosophie und Alchimie, die allzu sanguinischen Italiener in dem Labyrinthe einer phantastischen Naturdichtung von der Beschaffenheit, wie sie so grossartig bei dem edlen Giordano Bruno hervortritt, d. h. die mystischen Deutschen wie die phantastischen Italiener fühlten das Bedürfniss nach einer neuen Methode überhaupt nur dunkel und stellten dem im Naturwissen nicht mehr genügenden Alterthume die neuen, aber unförmlichen Wissensinhalte theosophischen oder naturphilosophischen Gepräges entgegen. Der glänzende Scharfsinn der Franzosen, die von jeher gute Mathematiker gewesen sind, und noch mehr der praktische Sinn der Engländer begriffen es zuerst klar,[5] dass, bevor man den Inhalt der Erkenntniss, zumal die Fülle des ganz neu sich darbietenden Wissensstoffes mit Erfolg verarbeiten könne, man zunächst dem Hebel der Erkenntniss, der Methode des Wissens und der Forschung, sein Sinnen und Ueberlegen zuwenden müsse. Baco bei den Engländern und Cartesius bei den Franzosen versenkten sich in solche Forschung und in solches Nachdenken über die angemessenen Methoden der Erkenntniss. So wurde jener der Urheber der empirischen, dieser derjenige der systematischen Methode moderner Forschung. Die Grundlagen einer neuen — bis heute nur weiter entwickelten — Theorie der Induction legte Baco, die eines neu gesicherten deductiven Verfahrens Cartesius. Jener trat etwas zeitiger hervor, auch erprobten und bewährten seine Lehren sich zunächst in Anwendung auf die neuen, gerade damals vorzüglich einer methodischen Bearbeitung harrenden und im Vordergrunde aufmerksamer Theilnahme der Gebildeten stehenden Gebiete realistischen Naturwissens. Das wirkte auf das ganze geistige Leben der Zeit, nicht nur auf die Weltweisheit und die

Fachwissenschaften sondern auch auf die Schulbildung, auf
Lehre und Unterricht der Jugend überhaupt ein. Schon
vor Comenius, ja sogar vor Ratich, vorzüglich aber bereits
bei diesem sowie bei seinen Anhängern Joachim Jung und
Helwig tritt die Anwendung der Baconischen Methodik auf die
wohl überlegten Verfahrungsweisen und die planvolle Gestaltung des fortschreitenden Lehrgangs beim Unterrichte hervor.
Diese Anregung erkennt Comenius selber sogar ausdrücklich
an.   Erzählt er uns doch,*) dass er den eigentlichen Beginn seiner didaktischen Studien, also seines forschenden
Nachdenkens über planvolle Unterrichtsweise, in das Jahr
1614 setzen müsse, in welchem die gutachtlichen Berichte
der Giessener und Heidelberger Professoren über Ratichs
Methode erschienen.   Indess dies war eben nur eine —
freilich höchst bedeutsame — Anregung.9) Trotz der letzteren ist und bleibt Comenius selber der erste, welcher bei
seinem nachdrücklichen Eifer für eine allgemeine Volks-

---

*) In den hier angegebenen Grenzen ist der durch Ratich
Jung und Helwig schon frühzeitig dem Comenius vermittelte Einfluss Baco's auf des letzteren methodische Lehren und Grundsätze
nicht zu bestreiten. Mag es immerhin richtig sein, dass wir keinen
Gebrauch von Baco's Anschauungen und Methode finden, wie
Kvacsala in seiner Schrift über „Johann Amos Comenius", S. 155,
behauptet, so gilt dies doch nur von den inductiv-logischen Regeln
des Baco in gewissen Grenzen. Aber der realistische Zug Baco's
und die gesammte Richtung auf das Methodologische sind bei Comenius unverkennbar. Doch was bei letzterem erkenntnisstheoretisch
bedeutsam ist, das hat Comenius auf die didactische Thätigkeit übertragen, sodass diese zu einer pädagogischen Kunst wurde. Das ist
sein Verdienst, welches freilich von den oben genannten schon vorbereitet war, jedoch vor allen in Baco und dem Baconischen Geiste
der Zeit wurzelte. Darum bezeichnet Kvacsala auch des Comenius
Begeisterung für Baco ebd. mit Unrecht als eine solche, die blos
„von akademischer Art" blieb. Wo er seine Grundsätze erläutert
und beweist, geht er mit Vorliebe inductiv, nicht deductiv zu
Werke. Dies sowie der Nachdruck, den er auf Pflege der An-

schule sich mit vollem Selbstbewusstsein und nachhaltigem
Erfolge darum bemüht hat, auch die den Schulen obliegende
Massenunterweisung, den Unterricht vieler Schüler eben als
solchen, als klassenmässige Gesammtarbeit durch Nachdenken
über die Methode der Erziehung, des fortschreitenden Lehrgangs und der Gliederung des auf verschiedene Abtheilungen
den Alterstufen gemäss zu vertheilenden Stoffes planvoll zu
gestalten.

5.

Nicht erst seit Comenius sondern freilich längst vor
ihm 10) — bereits im Alterthum, ebenso später im Mittel-
alter, besonders seit Karl dem Grossen, vollends seit Beginn
der Neuzeit hat es Schulen und Klassen gegeben; niemals
aber waren dies Schulen und Klassen im Sinne unserer heu-
tigen Schulen und Klassen. Es handelte sich da stets nur
um eine Vereinigung Vieler beim Unterrichten, nicht um

---

schauung und Ausgehen von dieser allenthalben legt, die Forderung
des Beginnens mit der Muttersprache bei allem Unterrichte, die
Entschiedenheit, mit welcher er für ein stets inhaltvolles, nicht
blos verbales Wissen eintritt, den Werth, den er auf Naturwissen legt, das Vorbild, das er den Vorgängen in der Natur für
seine Methodik entnimmt, alle diese Züge verrathen, wie tief durchdrungen Comenius vom baconischen Zeitgeiste war. Auch Prof.
Dr. Eugen Pappenheim nennt darum in seiner in Berlin bei
Oehmigke erschienenen Schrift „Johann Amos Comenius, Denkrede zur Feier des 300. Geburtstages" auf S. 22 Comenius „den
Anhänger Bacon's" und wahrlich trotz Kvacsala mit Fug und
Recht! Glaubt man doch Baco selber zu hören, wenn man bei
Comenius liest: „Der Jugendbildner ist ebenso wie der
Arzt, der Diener der Natur, nicht ihr Herr" und als Wahl-
spruch der Erziehung den Grundsatz hingestellt findet: Omnia
sponte fluent, absit violentia rebus. („Alles fliesse von selbst, ein
Zwang bleib' ferne den Dingen"). Vgl. Pappenheim a. a. O., S. 17,
bes. auch unten Anm. 14 dies. Schr. —

wirkliches Unterrichten Vieler. Es fand Einzel-
unterricht trotz solcher Vereinigung Vieler statt, besten-
falls unter dem Gesichtspunkte gemeinsamer Zucht, gemein-
sam angehörter oder nachgeschriebener Vorträge schon
heranwachsender Schüler, auch wohl — und das selbst bei
jüngeren Zöglingen — eines gemeinsamen Abfragens und
Wiederholens. Aber für alle Schüler zugleich etwas vorzubereiten, allen zugleich etwas darzubieten, von allen es
erläuternd zu erfragen, alle zugleich auf Grund dessen sowie eines einzigen für alle Schüler der Klasse in einem Fach
massgebenden Lehr- und Lernbuchs zu eigener Wiedergabe
und Darstellung des so Erlernten zu befähigen, endlich eine
für alle geeignete Form der Anwendung und Einübung des
Lehrstoffes zu finden (dies alles so, dass jeder im Grunde
nicht nur etwas sondern das Gleiche davon hat, sodass
allgemeine Mitarbeit und Theilnahme eines jeden gesichert
erscheint): das ist ein Verfahren und eine Kunst, die man
vor Comenius fast gar nicht kannte; selbst ein Lehrpensum
genauen und bestimmt unterschiedenen Altersgruppen streng
anzupassen war etwas, was vor Comenius gleichfalls mindestens sehr selten auf wirklich zweckmässige Art geschah.
Nirgends also konnte es vor ihm geben und hat es vor
ihm gegeben einen planmässigen, gleichzeitigen Unterricht
Vieler auch nur einer einzigen Klasse: niemals bestand schon
deshalb vor ihm ein Unterricht, welcher der Erziehung und
Zucht im vollen Sinne diente und diese zu Hauptzwecken
hatte. Niemals fand vor Comenius ein unmittelbar erziehen-
der Unterricht statt. Unterricht und Zucht waren vielmehr geschieden. Man übte wohl Zucht, um den Erfolg
des Unterrichts zu sichern, man unterrichtete aber nicht er-
ziehend oder zum Behufe der Erziehung. Und doch liegt
bei zweckmässiger und richtiger Gestaltung eines gemeinsamen Unterrichts, der diesen Namen wirklich verdient,
die Sache so, dass die Schule nur deshalb Unterrichtsanstalt

und gerade eine bessere Unterrichtsanstalt als die Privat-
Unterweisung ist, weil sie nur als Unterrichtsanstalt — und
zwar eben in der Form klassenmässiger Unterweisung als der
gelungensten Form des Jugendunterrichts — auch die
beste Erziehungsanstalt zu sein vermag. 11) Vor Comenius war
gerade dies nicht erkannt. Darum war auch, was uns als
Rohheit in der Züchtigungsweise und den Strafarten jener
Jahrhunderte — besonders vor der Zeit desselben — erscheint, im letzten Grunde weniger solche oder gar wirkliche
Brutalität sondern wesentlich eine Folge der Verlegenheit
und des Unvermögens, durch wahrhaft gemeinsamen erziehen-
den Unterricht vieler Schüler deren ganze Anzahl wirklich
anregend zu beschäftigen, alle Mitglieder der Klasse, die gesammte Masse der Zöglinge auf einen Punkt in ihrer Aufmerksamkeit zu sammeln und eben dadurch deren Willen
zu beherrschen.

Massenunterricht als wirklich methodisch gepflegten
Klassenunterricht hat eben kein anderer geschaffen als
Amos Comenius. Sorgfältig durchdachte Regeln, Grundsätze, Vorschriften und Winke, zum Theil umsichtigste praktische Rathschläge, die sogar den erhöhten Standpunkt des
Lehrers in der Klasse nicht ausser Acht lassen, über alle
möglichen Erfordernisse, welche gerade die Verwirklichung
solcher Lehrweise betreffen, finden sich an den verschieden-
sten Stellen seiner grossen Unterrichtslehre. Besonders hervorzuheben sind in dieser Hinsicht die zehn Grundsätze
über Gediegenheit des Unterrichts im Kap. XVIII,
vor allen im § 45 und 46, No. I—V, ferner die „Grundsätze der abkürzenden Behendigkeit beim Unterrichten",
vorzugsweise die §§ 18—28 als Normen für die Lösung
des „1. Problems": „Wie kann ein einziger Lehrer für eine
noch so grosse Anzahl von Schülern ausreichen?" — Comenius
war es, dem gerade nach solchen Stellen 12) dies nachge-
rühmt werden muss: Ihm zuerst in der Geschichte der

Bildung und Erziehung ging das volle Selbstbewusstsein auf über Wesen und Bedeutung des planvoll zu ertheilenden und auszugestaltenden Klassenunterrichts, obschon eine allgemeine Verwirklichung seiner Grundsätze bei den politischen und socialen Nothständen der nächsten Jahrzehnte noch lange auf sich warten liess. Vorangingen die höheren Schulen, erst viel später drang seine Lehrkunst in die Volksschulen ein. Auf ihn führt sich aber letzthin gleichwohl zurück die methodische Organisation des Schulunterrichts nicht nur in Böhmen, Deutschland und meist sonst auf dem Festlande sondern im ganzen gebildeten Europa und selbst in fremden Erdtheilen. Erst nach einem Jahrhundert weiterer Entwicklung freilich entstanden wirklich in grösserer Allgemeinheit so geleitete und geordnete höhere Schulen, erst seit Eintritt unseres Jahrhunderts begannen ein ähnliches Ziel die Volksschulen zu verfolgen, und noch viel später erst konnte sich eine solche Kunst wie die des wirklich gleichzeitigen gemeinsamen Unterrichts mehrerer Abtheilungen in ein und derselben Klasse, vollends in einer alle Abtheilungen der schulpflichtigen Jugend eines Schulortes umfassenden einklassigen Schule entwickeln. Aber schon weil er zweifellos der Schöpfer des Klassenunterrichts als eines wirklich gemeinsamen Unterrichts auch nur einer einzigen Klasse und Abtheilung überhaupt ist, steht Comenius zugleich noch in anderer Hinsicht als Bahnbrecher da. Denn in Folge eben dieser pädagogischen Grossthat muss er zugleich gelten für den Urheber der selbstbewussten Organisation alles geschichtlichen Fortschritts der Menschheit, soweit dieser gerade auf der Grundlage methodisch und planvoll eingerichteter, in öffentlichen Schulklassen als Massenunterweisung gegliederter und geordneter Jugenderziehung und Bildung sich voll ieht.

6.

Ja noch mehr: Comenius hat diese Ideen, Grundsätze und Lehren noch dazu durch seine Didactica magna nie er-

gelegt in einem System, welches das gesammte Schulwesen
von der Volksschule bis zur Hochschule als ein in sich ge-
schlossenes Ganze umfasst. Weil nach ihm kein Kind überhaupt mehr ohne Unterricht bleiben sondern jede Gemeinde ihre eigene Schule haben soll, weil ferner von den
öffentlichen Schulen die Muttersprachschule die Grundlage
für die Lateinschule, letztere die Voraussetzung der Hochschule nach ihm bildet, hat er damit auch den Gedanken
der Allgemeinheit der Volksschule und selbst der Schulpflicht angedeutet und ausserdem durch sein Lehrgebäude
alle diese Anstalten in organischen Zusammenhang gebracht
nach einem Ideale, dessen volle Verwirklichung sogar für
uns heut zu Tage noch — ein Traum ist. Denn alle
Hauptarten öffentlicher Schulen hat er in ihrer innigen Ver-
bindung begriffen und in eine solche gesetzt. Jede der genannten Hauptschularten hat er als Vorstufe für eine andere
derselben, die als die nächstfolgende angesehen werden muss,
bezeichnet, die Volksschule aber als Grundlage aller übrigen
hingestellt. Und wenn es auch historisch wahr und richtig
ist, dass erst die staatliche Aneignung und Aufnahme sowie
die gesetzliche Anerkennung des Gedankens der Schulpflicht
den Besuch der Schulen wirklich fast zur Regel gemacht und im
Zusammenhange mit der Unentgeltlichkeit des Volksschul-
unterrichts die Idee der allgemeinen Volksschule noch weiter
durchgeführt hat, so beseelte der Gedanke der letzteren,
der voll und ganz noch immer nicht ins Leben getreten
ist, bereits einen Comenius; schon dieser besass ihn und
hat ihn seiner Zeit verkündigt, und zwar nicht zum Wenigsten eben dadurch, dass er die Muttersprachschule als Voraussetzung der Latein- und der Hochschule bestimmte. 13)

7.

Ich sagte: Als erster Organisator eines wahrhaft gemeinsamen, planvoll ertheilten Klassen- und Massenunter-

richts hat Comenius mehr als irgend ein anderer beigetragen
zur sicheren Vermittelung eines geistigen Fortschritts der
aufeinander folgenden Geschlechter der ganzen modernen
Menschheit. Nur auf Grundlage eines geschichtlichen Erbes
ist, wie nochmals betont werden muss, solcher Fortschritt
möglich. Und da der letztere zugleich ein unser Menschen-
geschlecht auszeichnender Vorzug ist, so müssen wir eben
die historische Erbschaft besonders hoch halten und nicht
blos dies: wir müssen vielmehr noch dazu und in Folge
davon höher als alle übrigen menschlichen Werke auch die
Leistungen derjenigen stellen, welche es verstanden haben,
unmittelbar beizutragen zu dem Fortschreiten der menschlichen Gattung, zu ihrer Vervollkommnung, ihrem wachsen-
den Gedeihen und ihrer sich steigernden Wohlfahrt. Das
sind die wirklich grossen und wahrhaft königlichen Geister,
die nicht blos auf das Seelenleben Einzelner sondern auch
auf die geistige Entwicklung des Menschengeschlechts mit
spürbarem oder gar nachweisbarem Erfolge einzuwirken ver-
mocht haben. Je gewaltiger das Verdienst ist, welches sich
gerade um den Fortschritt der menschlichen Gattung, um
die Hebung der allgemeinen Wohlfahrt der Zeitgenossen
oder auch nur Volksgenossen jemand erworben hat, um so
bedeutender ist seine historische Grösse. Auf dem Gebiete
der Erziehung und des Unterrichts sowie der Entwicklung
beider dürfte schon nach diesen kurzen Darlegungen Comenius wohl von keinem anderen an Bedeutung überragt
werden. 14)

8.

Es sind vor allen die Schulmänner und Lehrer, überhaupt
die Erzieher an öffentlichen Anstalten, welche hierfür ein klares
Verständniss haben müssen. Haben sie doch den stolzen und in
hohem Grade gemeinnützigen Beruf, nicht blos den Einzelnen
sondern ein ganzes Geschlecht von Berufs wegen zu fördern.

Die Lebensaufgabe des Lehrers ist in vorzüg-
lichem Grade und Sinne ein historischer Be-
ruf, und derselbe erheischt einen gediegenen historischen
Sinn sowie gediegene geschichtliche Bildung und Kenntnisse.
Die öffentliche Erziehung und der öffentliche Unterricht,
die Schulerziehung und der Schulunterricht sind eben
als solche Massen-Erziehung und Massen-Unterricht,
Klassen-Erziehung und Klassen-Unterricht von vielen
Zöglingen. Eine derartige Thätigkeit zielt also ganz unmittelbar darauf hin, die geistige, geschichtliche Erbschaft
zu vermehren,. das geistige Wachsthum der Menschheit zu
sichern, nämlich durch planvolle Anpassung der Jugend in
Gesittung und Bildung an den Standpunkt des bereits erwachsenen Geschlechts. Ganze Geschlechter und Genera-
tionen von Menschen sind es, welche ihr geistiges Gepräge
ihren Lehrern verdanken, und es ist wechselweise der geistige Fortschritt der Menschheit von den Vätern zu den Söhnen,
Enkeln und Urenkeln, also das Wachsthum der Menschheit
im Zusammenhange ihrer Geschlechter zum guten Theile ein
Werk treuer Lehrerarbeit, freilich nicht etwa so, dass sie
darum dieser allein verdankt würde: Die Massenunterweisung
in Unterricht und Zucht der Schule richtet sich ja nur an
das erst heranwachsende Geschlecht, während der Priester
und Gelehrte, der Dichter, Schriftsteller und Künstler, die
leitenden Männer in der Staatsverwaltung und dem Heere,
ja selbst der gemeinsinnig und grossinnig thätige Förderer
von Handel und Gewerbefleiss, also der von weiten Gesichtspunkten geleitete sowie mit klarem Selbstbewusstsein über
diese wirkende Vertreter des Handels und Gewerbes, ebenfalls erziehlich und bildend auf grössere Kreise und zwar
auf solche von Erwachsenen einwirken. Keiner jedoch —
ausser dem Priester — thut es so unmittelbar, keiner bei
dieser Unmittelbarkeit zugleich in solchem Umfange, keiner
so ausschliesslich und so wenig eigennützig, wie es die Ge-

sammtheit der Lehrer, nicht zuletzt die Volksschullehrer und die Volksschulen thun. Und dazu kommt, dass die Massen-Unterweisung der Jugend doch eben die Grundlage, den Unterbau aller anderen eben genannten Arten und Weisen der Bildung und Einwirkung auf ganze Geschlechter, damit die Voraussetzung alles übrigen Fortschritts der Menschheit bildet. Unter den Arten dieser Jugendbildung gilt dies aber wiederum am meisten von der Unterweisung der Kinder in den Elementen, also von Erziehung und Unterricht in den Volksschulen und dem Berufe ihrer Lehrer. Somit bildet der Klassenunterricht in der Schule, besonders derjenige in der Volksschule, thatsächlich die breiteste Grundlage alles menschlichen Fortschritts, die weitgreifendste Voraussetzung aller historischen Arbeit und aller gemeinsamen Kulturentwicklung der gebildeten Menschheit. 15)

9.

Je richtiger dieses ist, um so dankbarer muss die Nachwelt dem gewaltigen Pädagogen sein, der diese Berufsthätigkeit des Schulmannes der Neuzeit und mittelbar damit die des Volksschulmannes der Gegenwart, wie wir uns ins Gedächtniss gerufen haben, eigentlich erst geschaffen hat, dem grossen Amos Comenius. Des letzteren Verdienst ist in dieser Hinsicht unvergleichlich, unsterblich. Das in seinen Leistungen und Werken vorliegende Vermächtniss muss uns ein besonders theures geschichtliches Erbe sein. Es gilt aber von diesem Erbe wie von jedem: „Was du ererbt von deinen Vätern hast, erwirb es, um es zu besitzen." Nicht von selbst wird es uns zufallen sondern nur durch gewissenhafte Forschung in und Kenntnissnahme von seinen Schriften und durch treue Arbeit nach dem Muster seiner unsterblichen Lehren und Gedanken sowie des herrlichen Vorbildes seiner persönlichen Lebensführung. Mögen die diesjährigen Festlichkeiten zu Ehren seines Andenkens ein Anfang

von und Ansporn zu solcher Arbeit für jeden Lehrer werden!
Dann wird es auch dem schlichtesten Lehrer, jedem treuen
Genossen an der Arbeit für die Schule, — selbst dem,
welchem nicht die leiseste Spur äusserlich glänzenden Er-
folges, geschweige denn eines Ruhmes, wie er nur so gottbegnadeten Geistern, wie Comenius einer war, zu Theil
wird, beschieden sein mag — so ergehen, wie es jedem
wackeren Schulmanne, wie es dem einfachsten Volksschullehrer ergehen kann nach den schönen Versen eines neueren
Dichters (O. Girndt):

„Den Samen edler Lehren trägt
„Ein Sturmwind Gottes übers Reich der Manen
„Auf Lebensflügeln fort und legt
„Ihn nieder, wo's die Lehrer selbst nicht ahnen.

„Oft dankt der Enkel seine Kraft
„Der Weisheit, die der Ahnherr eingesogen,
„Wer ein Geschlecht zur Wissenschaft erzieht,
„Der hat die Menschheit miterzogen.

„Die grossen Thaten, die geschehn,
„Wer kennt den stillen Wink, dem sie entsprungen,
„Des Lehrers Name mag verwehn,
„Hat nur sein Geist die Jünger klar durchdrungen.“

Jeder an noch so bescheidener Stelle wirkende Lehrer kann diesen Erfolg erringen, und wenn ihm dies gelingt,
so hat er damit an seinem Theile vermehrt den Segen der
öffentlichen, von Gemeinde und Staat geordneten und geleiteten Schule. Dass es so sei, das walte Gott!

II. Das Leben des Comenius im Umrisse.

Johann Amos Comenius, wahrscheinlich zu Ungarisch-Brod im südöstlichen Mähren am 28. März 1592
geboren, verlor frühzeitig seine der mährisch-böhmischen
Brüdergemeinde angehörigen Eltern. Beide starben 1604,
der Vater, der ein Müller, dabei ein wohl unterrichteter
und bibelkundiger Mann war, welcher auch sorgfältig bis
zum 12. Jahre für des Sohnes Erziehung gesorgt hatte, schon
im Frühjahre. In den Jahren 1604 und 1605 hielt letzterer
sich 1½ Jahre auf der Schule zu Strassnitz auf. Die Vor-
münder vermochten nicht in angemessener Weise für ihn zu
sorgen; vielleicht wollten sie es auch nicht. Die Anfänge
des Lateins erlernte er erst im 16. Jahre, also 1608. In-
zwischen war er wahrscheinlich zum Handwerke gegangen.
Nur 2 Jahre brachte er auf der Lateinschule zu. 1610 lag
er auf der Nassauischen Universität Herborn, besonders unter
Alsted, der Theologie ob, darauf 2 Jahre eben solchen Studien
in Heidelberg, machte dann Studienreisen in die nordwest-
lichen Länder Europas, besuchte auch schon damals flüchtig
England. 1613 hielt er sich in Amsterdam auf und kehrte
1614 über Heidelberg zurück. — Zu jung, um die Priester-
weihe zu empfangen, übernimmt er — erst 22 Jahre alt —
in Folge der Aufforderung des Beschützers der Brüdergemeinde, des Landeshauptmanns von Mähren Karl v. Zerotin
die Leitung der Brüderschule in Prerau als deren Rector,
3 Jahre später siedelte er als Prediger nach Fulneck über,
wo er sich zum ersten Male verheirathete. Als dort 1621
ein spanisches Hülfsheer einbrach und die Stadt nieder-
brannte, verlor er sein Hab und Gut, seine Bibliothek und

viele Handschriften von zahlreichen, längst begonnenen didaktischen Arbeiten. Dann fallen seine Schicksale mit denen
der verfolgten böhmisch-mährischen Brüder zusammen. Zuerst mussten die Priester weichen, und so auch Comenius.
Er fand mit anderen Schutz auf der Herrschaft Brandeis an
der Adler im nordöstlichen Böhmen, die dem Landeshaupt-
mann von Zerotin gehörte, später, bei neuen Verfolgungen
auf den Gütern des Herrn Sadowsky von Sloupna. In
Brandeis wurde ihm die erste Gattin nebst 2 Kindern durch
die Pest entrissen. Im Schreiben suchte er Trost zu gewinnen und verfasste damals das schönste Denkmal seiner
Frömmigkeit, die mystisch-allegorische Schrift „Das Labyrinth
der Welt."

In Sloupna wurde er durch die Didaktik des Elias
Bodinus, um seinem Genossen Joh. Stadius, der 3 Söhne
des Herrn von Sadowsky zu unterrichten hatte, zu Hülfe
zu kommen, auf den Entwurf einer ähnlichen Schrift und
zu dem Grundgedanken seiner Didactica magna hingeführt.
1627 stieg die Verfolgung der Brüdergemeinde auf den
Gipfel. Alle böhmischen Brüder mussten das Land verlassen.
Im Februar des strengen Winters 1628 war es, als Comenius
in Folge dessen in Polnisch Lissa anlangte, begleitet von
seinem Schwiegervater Cyrillus, dessen Tochter Dorothee
seine zweite Gattin war, mit welcher er sich bereits 1624
verheirathet hatte. Aus dieser Ehe entspross sein Sohn
Daniel und 4 Töchter. Auch diese Gattin verlor er schon
1628. — Die Stadt Lissa bildete sich nach und nach zum
Vororte der böhmischen Brüdergemeinde aus. Comenius
führte von hieraus einen regen Briefwechsel mit vielen gelehrten
Männern, besonders mit dem Engländer Samuel Hartlib,
der mit feuriger Begeisterung seine grossen Gedanken über
die nothwendige Unterrichtsreform aufnahm. In der ersten
Zeit dieses Aufenthalts verfasste er die „Didaktik oder die
Kunst des kunstgerechten Unterrichts", die er 1632 vol-

lendete, und aus welcher nachmals die Didactica magna
hervorging. Aber nicht nur die Theorie sondern ebensosehr
die Praxis des Unterrichts hatte er als Schulmann im Auge
und entwickelte auch in dieser Hinsicht eine bedeutende
Thätigkeit. Er begann schon jetzt an einer Reihe von
Hand- und Lehrbüchern zu arbeiten und zwar so, dass er
zuerst für die unterste Schulart, die Mutterschule, ein solches
1633 erscheinen liess, nämlich das „Infertorium der Mutterschule." Angeregt durch die vom Hibernischen Jesuiten-
Kollegium zu Salamanca herausgegebene, schon 1629 in acht
Sprachen übertragene „Janua linguarum", deren mannigfache
Lücken und zumal deren Mangel an sachlichem Gehalte
er durch seinen Parallelismus von Sach- und Sprachunterricht zu vermeiden suchte, verfasste er demnächst die
„Janua linguarum reserata", die zuerst 1631 veröffentlicht
wurde. Da auf späterer Stufe doch wieder eine Loslösung
des Sachlichen vom Sprachlichen geboten ist, bearbeitete er
auch eine „Janua rerum" und fasste bei seinem philosophi-
schen und encyclopädischen Sinne auch ernstlich ein „Ma-
gazin des gesammten Wissens für Alle" ins Auge, als dessen
Vorläufer der „Pansophiae Prodromus" erschien.

1632 bereits war er zum Senior der Glaubensgenossen ernannt. 1636 bekam er von der Synode den
Auftrag, einen Mahnruf zur Herstellung des Friedens und
der Eintracht an alle Kirchen, Könige und Fürsten zu
verfassen. Den 1638 an ihn ergangenen Ruf der schwedischen Reichsstände, das dortige Schulwesen nach seinen
Grundsätzen umzugestalten, schlug er aus, da es ihm nicht
vergönnt gewesen sei, in seinem eigenen Vaterlande der-
artiges zu unternehmen. Um jedoch gleichwohl der ganzen
Menschheit zu dienen, entschloss er sich, seine böhmische
Didactik ins Lateinische zu übertragen. Zuvörderst wurden
indess nur Kapitelüberschriften und Auszüge bekannt. Erst
1657 kam die Schrift selbst heraus.

Sein Freund Samuel Hartlib erwirkte einen Ruf nach
England von Seiten des Parlaments so ehrenvoller, auch für
seine Brüdergemeinde so hoffnungsvoller Art, dass Comenius
ihm 1641 folgte. Allein der irische Aufstand zerstörte die
an Ort und Stelle gefassten Pläne sehr rasch und jäh, und
so nahm er vielmehr die Einladung des hochherzigen Ludwig de Geer an und landete noch im August 1642 im
Hause dieses neuen Mäcen zu Norköping in Schweden.
Schon nach einigen Tagen wurde er zu dem Reichskanzler
Axel Oxenstjerna und zu dem Kanzler der Universität Upsala
— Namens Johann Skyte — nach Stockholm geschickt.
Er hatte mit denselben vier Unterredungen, in denen beide
ihn prüften und wobei besonders der erstere mit grösstem
Verständniss auf seine didaktischen wie pansophischen Pläne
einging, ihn aber in höchst nachdrücklicher und praktischer
Weise zuvörderst bei Ausarbeitung der L e h r b ü c h e r festzuhalten wusste. Comenius nahm diese Vorschläge an, zumal da Ludwig de Geer auch dazu rieth, und begab sich,
um Schweden näher zu sein und in einer gewissen Zurückgezogenheit arbeiten zu können, nach E l b i n g. Hier, wo
er im October 1642 eintraf, miethete er sich ein Haus,
welches er mit seiner Familie bezog — er hatte sich schon
1629 mit seiner dritten Frau Johanna, geb. Gaius, mit welcher die Ehe kinderlos blieb, verheirathet —, nachdem er
vom Senate die Erlaubniss zu dauerndem Aufenthalte erwirkt
hatte. — Die Lösung der übernommenen Aufgabe wurde
dem Comenius, den seine noch höhere theoretische Ziele
verfolgenden pansophischen Pläne jetzt innerlich mehr begeisterten, recht schwer. Dazu kam, dass er auf L. de Geer's
Unterstützung angewiesen war, dass ferner die englischen
Freunde ihn lieber in der Richtung der Pansophie thätig
gesehen hätten, dass trotz seines Fleisses dem Gönner de
Geer die Arbeiten nicht rasch genug von statten gingen,
dass dieser sogar die nothgedrungene Theilnahme am Reli-

gionsgespräch zu Thorn im Interesse des irenisch gemachten
Versuchs einer Vereinigung der Protestanten und Katholiken
ihm verübelte, überdies ihm verletzende Vorwürfe machte
und selbst mit Entziehung der Unterstützung drohte. Freilich sah de Geer hinterher sein Unrecht wohl ein; wenigstens schickte er zu Anfang des Jahres 1646 dem Comenius
für seine Person 500 Thaler und 1647 am Ende des Jahres
nochmals die gleiche Summe.

Als im Jahre 1648 der erste Senior und Bischof der
Brüdergemeinde zu Lissa starb, fiel auf Comenius die Wahl,
die er nicht ablehnen konnte und in Folge deren er an
diesen, ihm längst zur zweiten Heimath gewordenen Ort
zurückkehrte. Seine dornenvollen didaktischen Arbeiten hatte
er noch 1647 zu Ende geführt. Seine Mitarbeiter waren
Paul Cyrillus, Peter Figulus — der Gatte seiner zweitge-
borenen Tochter Elisabeth — Daniel Petreus und Daniel
Nigrinus gewesen. Den Figulus hatte er bereits 1643 nach
Schweden gesandt, um de Geer und dem Reichskanzler
über den Fortgang der Thätigkeit für die Lehrbücher Bericht
zu erstatten, auch eine Denkschrift über die Beilegung der
Religionsspaltungen, die „Hypomnemata" mitgegeben. Erst
von Lissa aus aber erfolgte die Veröffentlichung der Arbeiten,
nämlich der Schriften: Methodus linguarum novissima, Vestibulum (Vorhof) latinae linguae, Janua linguarum, Lexicon
januae, Atrium (Vorhalle) linguae latinae.

Durch den westfälischen Frieden wurden die böhmischen
Brüder arg enttäuscht. Wurden sie doch von dem Religions-
frieden ausgeschlossen und die immer noch erhoffte Rückkehr in die Heimath unmöglich gemacht. Vergebens machte
Comenius briefliche Vorstellungen über nicht gehaltene Ver-
sprechungen. Und so konnte er nur noch der Sorge für
seine religiöse Gemeinde und seinem schriftstellerischen Berufe fortan leben. Den Niedergang der Gemeinde sah er
voraus. Im Vorgefühl desselben schrieb er 1650: „Das

Testament der sterbenden Mutter.« In diesem Jahre ergingen
nicht nur von ungarischen Theologen sondern auch von
dem Fürsten Sigismund von Ragoczy und von dessen Mutter
Aufforderungen an ihn, die Provinzialschule zu Saros-Patak
im Sinne der neuen Unterrichtsmethodik zu gestalten. Co
menius konnte sich dem Rufe eines Fürsten, bei dem viele
seiner Landsleute und Glaubensgenossen eine Freistatt gefunden, nicht entziehen. Im Mai 1650 traf er in Saros-
Patak ein und ging an die Einrichtung seiner pansophischen
Musterschule. Ein auf Missgunst und Neid beruhender
passiver Widerstand seiner Mitarbeiter, der Tod des Fürsten
Ragoczy und die Noth der kirchlichen Verhältnisse in Lissa
liessen ihn jedoch nur die Unterabtheilung der Schule ins
Leben rufen. Bereits am 2. Juni 1654 hielt er in Saros-
Patak seine Abschiedsrede und kehrte dann zu den Brü-
dern nach Lissa zurück. Aber der Gemeinde derselben war
der Boden entzogen durch die engherzigen Bestimmungen
des Friedens, und vollends sah es traurig mit ihr aus, seitdem 1652 der frühere Patron, Graf Boguslaw von Lissa,
den Umständen nachgebend, zum Katholicismus übergetreten
war. Bald nach des Comenius Rückkehr, schon 1655, brach
der unheilvolle Krieg zwischen Schweden und Polen aus.
Bei Zurückeroberung des Landes durch die Polen, das bei
der ersten Wendung des Krieges König Karl Gustav von
Schweden bis Krakau erobert hatte, wurde am 28. April
1656 Lissa völlig zerstört. Nach Einäscherung der Stadt
stoben die Brüder nach allen Richtungen auseinander. Comenius ward besonders hart getroffen, sein Häuschen, die Einrichtung, seine Bibliothek, alle seine Schätze und die literarischen
Früchte von mehr als 40 jährigen Nachtarbeiten gingen zu
Grunde. Nochmals musste der 65 jährige Mann zum Wander-
stabe greifen. Er begab sich durch Schlesien und die Mark
über Stettin und Hamburg nach Amsterdam. Auf Einladung
von Lorenz de Geer, des Sohnes von Ludwig de Geer

liess er sich 1656 dauernd hier nieder. Auch von hier
aus sorgte er ununterbrochen in geistlicher wie leiblicher
Hinsicht für das Wohl der zersprengten Glaubensgenossen.
Er hatte damit oft recht viele Arbeit. Vorzugsweise aber
lebte er seinem schriftstellerischen Berufe, sammelte seine
didaktischen Schriften und verfasste noch viele neue, in diesen 15 Jahren etwa noch deren 28, darunter die prophetische
Schrift Lux in tenebris, die ihm viele Unannehmlichkeiten
bereiten sollte. Dieselbe enthielt 400 trügerische Prophe-
zeiungen, zu deren Herausgabe der Vf. kam, weil er in
einer Zeit politischer und religiöser Gährungen durch my-
stische Vorspiegelungen in Folge einer auch ihm anhaftenden
menschlichen Schwäche sich blenden liess.

Desto edler erscheint es, wie er gerade noch im hohen
Alter immer wieder auf den Lieblingsgedanken zurückkommt,
wenigstens die verschiedenen evangelischen Glaubensbekennt-
nisse mit einander zu versöhnen.

In erhabendster Seelenstimmung schloss er sein lite-
rarisches Wirken ab mit der Schrift „Unum necessarium" —
„Das Eine, was noth thut!", die er im 77. Lebensjahre 1668
schrieb. Er starb den 15. November 1670 zu Amsterdam.
Ihn überlebten seine Wittwe Johanna Gajus und sein Sohn
Daniel, der 1666 Priester geworden war.

III. Anmerkungen, im Besonderen zur Erläuterung der Hauptpunkte und wichtigsten Grundsätze der Lehren des Comenius.

1. Zu Seite 3. Nach den neueren Untersuchungen dürfte Comna oder Komna kaum noch in Betracht kommen, da man sich ähnlicher Namen in jener Zeit so bediente, dass sie nicht auf den Geburtsort sondern anf die fernere Abstammung hindeuteten. Für Niwnitz spricht, dass sich Comenius in den frühesten Aufzeichnungen Jan Amos Nimniceus, Johannes Amos Niwanus nennt, während für Ungarisch-Brod mancherlei noch mehr ins Gewicht fällt, vor allem aber der Umstand spricht, dass auf seiner Grabschrift steht: „geb. in Ungarisch-Brod 1592 den 28. März." Näheres hierüber ist zu finden in den Schriften von Dr. Joh. Kvacsala, Prof. am ev. Lyceum in Pressburg, Johann Amos Comenius, Lpz. u. Wien b. Klinckhardt 1892, S. 1—4, von Anton Vrbka, Leben und Schicksale des Joh. Am. Comenius, Znaïm 1892 (b. Fournier u. Haberler), und von K. Bornemann, „Festschrift zur 300 jährigen Comenius-Feier", (Comenius-Studien, Heft 2), worin auch ein Verzeichniss über „Die deutsche Comenius-Literatur seit 50 Jahren" enthalten ist.

2. Z. S. 5. Vgl. Schmid's Encyclop. des ges. Erz.- und Unterrichtswesens, 2. Aufl., i. Artikel „Comenius", S. 947.

3. Z. S. 6. Eine bequeme Uebersicht über des Comenius pädagogische Schriften befindet sich in der Beilage II des 2 Theils von K. v. Raumer's „Geschichte der Pädagogik, Gütersloh b. Bertelsmann 1879."

4. Z. S. 7. In der Schrift „Lux in tenebris." Vgl. Näheres darüber b. Vrbka a. a. O. S. 133.

Pappenheim bezeichnet des Comenius von frommer
Denkungsart beherrschte Wirksamkeit in seiner „Denkrede"
sehr schön und treffend mit folgenden Worten, die zwar in
erster Linie auf desselben Stellung zur Brüdergemeinde in Lissa
sich beziehen, aber eben doch zugleich auf den ganzen
Lebenswandel des Mannes passen: „Arbeit in Fülle drängte
sich in Lissa an ihn heran. Theologisches Wissen, Einfalt
und Innigkeit des Glaubens, Charakterreinheit, hervorragende
Kanzelberedsamkeit, Gewandtheit der Feder empfahlen ihn
den würdigen Eidam des mitgewanderten Seniors Cyrillus
seinen Glaubensgenossen für die wichtigsten Aemter und
zuletzt für ihre höchste Würde. Zur Linderung der unter
ihnen herrschenden Noth half er ihnen, als sein Name wuchs,
aus dem Ausland, besonders aus England, Geldmittel gewinnen. Die Literatur ihres Bekenntnisses bereicherte er
auch damals durch manche Schrift. Nur widerwillig dagegen
nahm er an dem grossen Religionsgespräche in Thorn Theil
welches alle religiösen Bekenntnisse vereinigen sollte; drängte
ihn doch schon die Uneinigkeit unter den evangelischen
Kirchen damals zu dem Ausrufe: „„Möchten doch alle Sekten
sammt ihren Gönnern und Beförderern zu Grunde gehn;
Christo allein habe ich mich geweiht, den der
Vater des Lichts den Völkern gab, damit er das Heil Gottes auf der ganzen Erde sei; er kennt keine Sekten sondern
hasst sie: er gab den Seinigen Frieden und gegenseitige
Liebe zum Werke.""" — Diese Stelle, welche zumal in den
hervorgehobenen Worten eine sehr entschiedene Stellungnahme zum evangelischen Bekenntniss bedeutet, —
eine Stellungnahme, die auch Comenius durch sein opfer-
williges Eintreten während seines ganzen Lebens für die
Sache der böhmischen Brüder offenbarte — darf man doch
nicht so deuten, als ob dem Manne die Confession gleich-
gültig gewesen sei. Nur die Sekten waren ihm zuwider.
Ich vermag daher auch keinen Satz bei Comenius zu

finden, welcher dazu berechtigte, von Comenius zu behaupten,
was Rector Hessel in dem II. seiner Artikel über „Amos
Comenius" in der Kölnisch. Zeit. vom 27/3 1892, No. 245
schreibt in dem Satze: „Streng confessionelle Erziehung
führt nach seiner Ansicht zu Consequenzen, die den allgemeinen
Frieden gefährden." Von ausschliesslich confessioneller
Erziehung liesse sich das eher behaupten.

5. Z. S. 8. Schon im IX. Kap. der Didactica magna hat
Com., entsprechend der Ueberschrift desselben, gelehrt, „dass
die gesammte Jugend beiderlei Geschlechts Schulen anzuvertrauen sei." Vgl. bei Dr. G. A. Lindner, S. 54 der treff-
lichen Schrift: „Johann Amos Comenius, Grosse Unterrichtslehre mit einer Einleitung; J. Comenius, sein Leben und Wirken", Wien 1876, Verl. v. A. Pichler's Wwe. u. Sohn
[auch Bd. I der ebd. erschienenen „Päd. Klassiker."] Es
heisst dort zu Anfang: „1. Nicht nur Kinder der Reichen oder
der Vornehmen sondern alle in gleicher Weise, Adlige und
Bürgerliche, Reiche und Arme, Knaben und Mädchen, in
grossen und kleinen Städten, in Flecken und Dörfern sind
zu Schulen heranzuziehen, wie nachstehend bewiesen werden wird." „2. Erstens, alle, die als Menschen geboren sind,
sind zu demselben Hauptzwecke geboren, dass sie Menschen
sein sollen, d. h. vernünftige Geschöpfe, Herren über die
übrigen Geschöpfe und ein Ebenbild ihres Schöpfers. Alle
sollen auch dahin gebracht werden, dass sie in Wissenschaften, Tugenden und Religion recht eingeweiht, das ge-
genwärtige Leben nützlich zu vollbringen und für das künf-
tige sich würdig vorzubereiten im Stande wären. Dass bei
Gott kein Ansehen der Person gilt, hat er selbst so vielmal
betheuert" u. s. f. Ebd. No. 4 betont C., es mache dabei
selbst das nichts aus, „dass einige von Natur schwach und
stumpfsinnig zu sein scheinen": denn, „dies empfiehlt und
fordert noch mehr die allgemeine Pflege solcher Geister",
sagt doch auch der Dichter „Anhaltende Arbeit über-

windet Alles.“ Im Kap. XIX fügt Com. hinzu „dass
die gesammte Jugend zuerst der Volksschule zu überweisen
sei“ (ebd. S. 233). „Denn“ — fährt er unter No. 2 da-
selbst fort — „1) ich beabsichtige eine allgemeine Unterweisung Aller, welche als Menschen geboren sind, zu Allem,
was menschlich ist. Sie sollen daher zusammen geführt
werden, soweit sie zusammen geführt werden können, damit
sie sich gegenseitig aufmuntern, anspornen, anregen. 2) Sie
alle wollen wir heranbilden zu allen Tugenden, auch zur
Bescheidenheit, Eintracht und zu gegenseitiger Kunstfertig-
keit. Sie sind also nicht vorzeitig auseinander zu reissen,
auch soll nicht Einzelnen Gelegenheit gegeben werden, vor
den Anderen selbstgefällig auf sich zu blicken und diese
zurückzusetzen. 3) Um das 6. Lebensjahr herum bestimmen
zu wollen, ob für die Wissenschaft oder fürs Handwerk,
scheint Ueberstürzung zu sein.“ In No. 6 ebd. finden wir
diese Bestimmungen:

„Zweck und Ziel der Volksschule wird darin bestehen,
dass die gesammte Jugend vom sechsten bis zwölften (oder
dreizehnten) Lebensjahre in dem unterrichtet werde, dessen
Anwendung sich auf das ganze Leben erstreckt. Nämlich:

I. Das fertige Lesen des in der Muttersprache Geschrie-
benen und Gedruckten.

II. Schreiben, anfangs genau, dann schnell, dann selb-
ständig nach den Gesetzen der muttersprachlichen Grammatik, die ihnen leicht fasslich vorgetragen und wonach die
Uebungen eingerichtet werden sollen.

III. Rechnen, mit Ziffern und aus dem Kopfe, je nach
Bedürfniss.

IV. Ausmessen nach den Regeln der Kunst, wo und wie,
Längen, Breiten, Abstände u. s. w.

V. Singen der gebräuchlichsten Melodien und bei jenen,
die hierzu fähig sind, auch die Anfänge der Figuralmusik.

VI. Das Auswendigkennen der meisten Psalmen und

Kirchenlieder, wie sie an einem Orte in Gebrauch sind, damit sie, im Leben Gottes erzogen, es verstehen (um mit dem Apostel zu reden) sich selbst zu lehren und zu ermahnen . . . .

VII. Ausser dem Katechismus das genaue Können und Hersagen der biblischen Geschichten und der Kraftstellen aus der heiligen Schrift.

VIII. Die Sittenlehre, in Regeln kurz gefasst und durch Beispiele, die der Fassungskraft des Alters angemessen sind, erläutert . . . .

IX. Von der Volkswirthschaft und dem Staatswesen sollen sie soviel kennen lernen, als zum Verständnisse dessen, was sie um sich, zu Hause und im Staate vorgehen sehen, erforderlich ist.

X. Die allgemeinste Geschichte, wie die Welt gegründet, verdorben, wieder hergestellt worden, und wie sie durch Gottes Weisheit bis zur Stunde regiert wird, soll ihnen nicht unbekannt sein.

XI. Das Wichtigste aus der Weltbeschreibung (Kosmographie), von der Wölbung des Himmels, von der Kugelgestalt der in seiner Mitte schwebenden Erde, von der verschiedenen Krümmung der Meere und Flüsse, von den Erdtheilen, von den hauptsächlichsten Reichen Europa's, insbesondere aber von den Städten, Bergen und Flüssen des eigenen Vaterlandes u. s. w. und was sonst bemerkenswerth ist, soll erlernt werden.

XII. Von den Handwerken sollen sie das Meiste im Allgemeinen lernen, wenn auch nur zu dem Zwecke, damit sie bezüglich dessen, was im menschlichen Leben vorgeht, nicht in grober Unkenntniss bleiben, und wohl auch deshalb, damit später die natürliche Neigung, wohin sich jeder am meisten gezogen fühlt, leichter zu Tage trete."

Wir lesen ferner ebd. S. 237 unter No. 8 Folgendes:

„8. Zur Erreichung dieses Zieles mögen folgende Mittel dienen:

I. Die Gesammtheit der Zöglinge (der Zötus) der Elementarschule, die durch sechs Jahre zu diesen Arbeiten anzuhalten ist, möge in sechs Klassen (womöglich auch räumlich getrennt, damit sie sich nicht gegenseitig hindern) abgetheilt werden.

II. Den einzelnen Klassen mögen ihre eigenthümlichen Lehrbücher angewiesen werden, welche alles für diese Klassen Nöthige (bezüglich des Lehrstoffes in Sprachlehre, Moral, Religion) erschöpfen . . . .

„9. Nach der Zahl der Klassen wird es also jener Bücher 6 geben, die aber nicht sowohl dem Stoffe als vielmehr der Form nach von einander abweichen. Denn alle sollen alles behandeln; aber jedes vorangehende soll das Allgemeinere, Bekanntere, Leichtere bringen, jedes nachfolgende soll zu dem Besonderen, Unbekanntern, Schwierigeren das Verständniss hinführen . . . . . " —

Der Hinweis auf Luthers Vorgang findet sich Kap. XXXIII Nc. 19, a. a. O., S. 267 ff. —

6. Z. S. 9: Vgl. z. B. Schmid, Encyclopädie des gesammt. Erz.- und Unterrichtswesens, 2. Aufl. Gotha b. Besser 1876, Bd. I. unter „Comenius" S. 943 unten.

7. Z. S. 10: Vgl. Windelband, Die Geschichte der neueren Philosophie, Lpz. b. Breitkopf und Härtel 1878, Bd I. Einl. § 2, S. 7 ff.

8. Z. S. 11: Vgl. ebenda, § 8 u. Kap. III des 1. Theils, bes. § 20.

9. Z. S. 12: Vgl. d. Einl. zu den Opera didactica omnia, Th. 1 im Abschnitt „De primis occasionibus, quibus huc studiorum delatus fuit auctor, brevissima relatio" bei Lindner a. a. O., S. VIII: „gleich wie die von den Akademieen zu Jena und Giessen öffentlich belobte Schrift des Wolfgang Ratichius: De studiorum rectificanda Methodo . . . . im Jahre 1612 erschienen war, drang der Ruf derselben auch zu mir, der ich damals in Herborn im Nassauischen den Studien oblag,

sodass ich, als i c h i m J a h r e 1 6 1 4 nach Mähren zurück-
gekehrt war und der Prerauer Schule vorstand, es über-
nahm, einen sanfteren Weg beim Unterrichte der Knaben
einzuschlagen, indem ich die Regeln einer leichteren Grammatik verfasste (facilioris grammaticae praecepta), welche
dann 1616 in Prag gedruckt worden sind."

10. Z. S. 13 : Vgl. besonders Specht, Geschichte des Unterrichtswesens in Deutschland, Stuttgart b. Cotta 1885.

11. Z. S. 15 : Vgl. über die mangelhafte, uns roh er-
scheinende Schulzucht, z. B. b. Specht a. a. O., Achtes
Kap. „Die Schulzucht", S. 202 ff.

Ueber e r z i e h e n d e n Schulunterricht sagt Treffliches
Herm. K e r n im „Grundriss der Pädagogik", Berl. b. Weid-
mann 1873, bes. §. 8 sowie § 81 u. 82.

12. Z. S. 15 : Im § 45 des Kap. XVIII betont Comenius
„es würde sicherlich Mehreren zum Vortheile dienen, wenn
der Lehrer jeder Klasse diese bewunderungswürdige Art der
Uebung einführen möchte, und zwar folgendermassen : In
jeder Stunde lässt der Lehrer, nachdem der Lehrstoff kurz
dargelegt und der Sinn der Worte deutlich gemacht, auch
die Anwendung der Sache frei gezeigt worden ist, alsbald
einen der Schüler aufstehen, der alles von dem Lehrer Gesagte in derselben Ordnung (gleichsam selbst jetzt als Lehrer
der anderen) zu wiederholen, die Lehren mit denselben
Worten zu erläutern, und die Anwendung an denselben
Beispielen zu zeigen hat, und den man berichtigt, sobald er
gefehlt hat. Dann wird ein anderer aufgerufen, der dasselbe zu leisten hat, während die übrigen aufmerken ; hier-
auf ein dritter, ein vierter und so viele ihrer nöthig sind,
bis man sieht, dass A l l e die Sache recht aufgefasst haben
und dieselbe auch wiederzugeben und vorzutragen im Stande
sind. Ich empfehle hier weiter keine Ordnung einzuhalten
als die, dass die Befähigteren zuerst aufgerufen würden,
damit die Langsameren, durch das Beispiel derselben gehoben,

leichter nachfolgen können." Ferner sagt er in § 4:
„Eine solche Uebung wird einen fünffachen Nutzen haben:

I.   Der Lehrer verschafft sich dadurch stets aufmerksame
Schüler. Weil nämlich bald der Eine, bald der Andere aufstehen und die ganze Lection wiederholen muss, jeder aber
vor sich selbst und den anderen in Furcht ist: so wird er
gut oder übel die Ohren spitzen, um sich nichts entgehen
zu lassen. Eine derart munter gehaltene Aufmerksamkeit,
durch jahrelange Uebung gefestigt, wird den Jüngling für alle
Geschäfte des Lebens tüchtig machen.

II. Der Lehrer wird in Kenntniss gesetzt werden, dass
alles Vorgetragene von Allen richtig aufgefasst sei. Ist dies
weniger der Fall, so wird er es sogleich zu seinem eigenen
Vortheil sowie zu jenem seiner Schüler verbessern.

III. Wenn ein und dasselbe so oft wiederholt wird, so
werden es endlich auch die langsamsten Köpfe begreifen,
und mit den anderen gleichen Schritt halten können, während die Begabteren des glatten und sicheren Verständnisses
der Sache sich freuen werden.

IV. Durch eine solche, so oft angestellte Wiederholung
werden Alle mit der Lection vertrauter werden, als wenn
sie sich damit die längste Zeit für sich allein abgequält
hätten, und sie werden erfahren, dass, wenn sie dieselbe
Morgens und Abends nochmals durchlesen, alles spielend
und leicht im Gedächtnisse hängen bleibt.

V.   Da auf diese Weise der Schüler bisweilen gleichsam
zum Lehramte zugelassen wird, so wird den Gemüthern eine
gewisse Aufgewecktheit, ein Lerneifer eingeimpft werden,
und sie werden sich den Freimuth aneignen, vor den Augen
der Menschen über jeden anständigen Gegenstand beherzt
zu reden, welcher Umstand im Leben von besonderem
Nutzen sein wird." (Vgl. Lindner a. a. O., S. 134/5). —

Im Kap. XIX beklagt Comenius als einen Hauptmangel
des bisherigen Schulunterrichts, ebd. S. 138 im § 8, No. VI

diesen Umstand: „Sechstens es fehlte an einer Form, alle
Schüler derselben zugleich zu beschäftigen: man hetzte sich
mit den einzelnen ab." Demgegenüber weist Com. an sel-
biger Stelle auf die Sonne als vorzüglichstes Vorbild hin.
Denn 1) diese befasse sich nicht mit einem einzelnen
Gegenstande, Thiere oder Baume, sondern sie erleuchte, er-
wärme, erfülle mit Dünsten die ganze Erde; 2) mit eben
denselben Strahlen erleuchte sie alles, mit eben derselben Verdichtung und Wiederauflösung der Wolken be-
wirke sie z. B. alles; 3) zu ein und derselben Zeit
bringe sie in ganzen Himmelsstrichen Frühling, Sommer,
Herbst und Winter hervor; 4) sie beobachte immer ein und
dieselbe Ordnung — „dieselbe Form bei derselben Art der
Dinge, unveränderlich und immer"; 5) sie erzeuge auch jedes aus seinem Samen, nicht anders woher; 6) sie erzeuge
auch alles, was zugleich bestehen solle, zugleich das Holz
mit der Rinde und dem Kerne, die Blume mit den Blät-
tern; 7) sie führe alles durch gewisse Stufen hindurch;
8) endlich bringe sie nichts Unnützes hervor. Dem entsprechend fordert Comenius im § 14 Folgendes: „In Nach-
ahmung dessen soll

I. nur ein Lehrer einer Schule, zum mindesten einer Klasse
vorstehen;

II. nur ein Buch einem und demselben Gegenstande zu
Grunde liegen;

III. ein und dieselbe Arbeit mit der ganzen
Klasse geübt werden;

IV. nach einer und derselben Methode alle Lehr-
gegenstände (Disziplinen) und Sprachen gelehrt werden;

V. alles von Grund aus behandelt werden, kurz und ker-
nig, damit der Verstand wie mit einem Schlüssel aufgezogen
werde und sich die Sachen vor ihm von selbst entfalten;

VI. soll alles, was unter sich verknüpft ist, auch in Ver-
knüpfung gelehrt werden;

VII. und zwar alles in festgefügten Abstufungen, so dass das Heutige dem Gestrigen Befestigung, dem Morgigen Begründung verleihe;

VIII. und endlich soll alles Unnütze überall ausgeschieden werden."

Die Frage, wie ein einziger Lehrer für eine ganze Klasse ausreichen könnte, beantwortet Comenius im Hinblick auf diese Voraussetzungen dahin, dass dies möglich sei unter folgenden Bedingungen (s. a. a. O., S. 141/2):

1) wenn er die Versammlung in gewisse Abtheilungen, z. B. Zehntschaften eintheilt, über jede derselben einen Aufseher setzt und über diese wiederum andere bis hinauf zum obersten;

2) wenn er niemals Einen allein unterrichtet weder privat ausser der Schule noch öffentlich in der Schule, sondern alle gemeinschaftlich und auf einmal. Er wird also zu Niemanden hinzutreten, noch auch dulden, dass jemand zu ihm besonders hinzutrete; sondern er bleibt auf dem Katheder, wo er von Allen gehört und gesehen werden kann und breitet, wie die Sonne, seine Strahlen über Alles aus; Alle aber, mit Auge, Ohr und Geist auf ihn gerichtet, fangen Alles auf, was er entweder mündlich vorträgt, oder mit der Hand oder im Bilde ihnen zeigt. So werden mit einer Klappe nicht zwei sondern sehr viele Fliegen auf einmal erschlagen.

3) Es wird blos der Kunst bedürfen, Alle zusammen und jeden Einzelnen aufmerksam auf sich zu erhalten, dass ihnen der Mund des Lehrers wie ein Quell vorkomme — er ist es auch —, aus dem sich die Bächlein der Wissenschaft über sie ergiessen, so oft sie diesen Quell sich öffnen sehen, das Gefäss ihrer Aufmerksamkeit darunter zu stellen, damit nichts darin fliesse, ohne aufgefangen zu werden. Die höchste, Sorgfalt wird also der Lehrer darauf zu verwenden haben,

dass er nicht rede, ausser wenn man zuhört, nicht unterrichte, ausser wenn man aufmerkt. Denn wenn jemals so gilt hier das Wort des Seneca: Man solle Niemanden etwas sagen ausser jenem, der zuhören will. Und vielleicht auch Salomons Spruch: Ein verständiger Mann ist köstlichen Geistes, (Spruch Sal. 17/23) — nämlich dessen, den er nicht in die Winde hinausredet sondern in die Köpfe der Menschen."

Als Mittel jedoch, durch welche, da Aufseher und Zehntmänner nicht genügen, der Lehrer selber sachlich im Stande sei, die Aufmerksamkeit zu erregen und wachzuhalten, empfiehlt Comenius ebd. im § 20, dass der Lehrer bemüht sei, „jederzeit etwas vorzubringen, was unterhaltend und nützlich sei", — dass er die Geister bei Beginn einer Arbeit entweder durch Entfaltung des vorzunehmenden Lehrstoffes zu gewinnen oder durch Stellung von Fragen anzuregen sucht, sei es durch solche über das schon Vorgenommene oder über das erst Vorzunehmende, damit die Schüler, ihrer Unwissenheit inne werdend, desto begieriger werden, das zu erklärende Neue in sich aufzunehmen —, dass er an einem höheren Orte stehend überall die Augen habe und niemandem gestatte, etwas anderes zu treiben als immer wieder die Blicke auf ihn zu richten —, dass er der Aufmerksamkeit dadurch zu Hilfe komme, dass er soviel als möglich alles vor die Sinne stellt.

Auch solle der Lehrer seinen Vortrag zuweilen mit der Frage unterbrechen: „Du oder Du, was habe ich eben gesagt?", auch wenn ein Gefragter stocke, zum Zweiten, Dritten u. s. w. übergehen, dann wieder einmal Wiederholung der Antwort ohne die Frage verlangen, ferner der ganzen Klasse eine Frage vorlegen — [bei uns sogar die stetige Regel] —, endlich den Schülern nach beendigter Stunde Erlaubniss zum Fragen geben. U. s. w.

13. Z. S. 17: Man vgl. bes. K. XXVII in § 3 bis 7 das

über die Eintheilung der Schule Gesagte, nämlich:

§ 3. „Jene Jahre des aufsteigenden Lebensalters wollen
wir also in vier gesonderte Stufen abtheilen: Kindheit,
Knabenalter, Jugendzeit und Mannbarkeit, wobei wir jeder
Stufe sechs Jahre und eine eigene Schule zuweisen, nämlich:

I. für die Kindheit		der Mutterschoss (das Haus),
II. für das Knabenalter	sei Schule:	die Elementar- oder Volksschule,
III. für die Jugendzeit		die Lateinschule oder das Gymnasium,
IV. für die Mannbarkeit		die Akademie und die Reisen.

So war, dass eine Mutterschule sich befinde in jedem Hause;
eine Volksschule in jeder Gemeinde, jedem Dorfe,
jedem Flecken; ein Gymnasium in jeder Stadt; und eine
Universität in jedem Lande und jeder Provinz."

Nach § 4 ebd. soll in diesen verschiedenen Schulen
nicht Verschiedenes sondern dasselbe in verschiedener Weise
getrieben werden, nämlich Alles, was im Stande ist, den
Menschen zum Menschen, den Christen zum Christen, den
Gelehrten zum Gelehrten zu machen, jedoch nach der Stufe
des Lebensalters und der vorausgegangenen, immer höher
strebenden Vorbereitung.

Im § 6 fordert er, „dass in der Mutterschule vorzugsweise die äusseren Sinne geübt werden, damit sie sich
gewöhnen mit den Gegenständen auf die rechte Weise um-
zugehen und sie zu unterscheiden. In der Volksschule werden
die inneren Sinne, Einbildungskraft und Gedächtniss, nebst
ihren vollziehenden Organen, Hand und Zunge, durch Lesen,
Schreiben, Zeichnen, Singen, Zählen, Messen, Wägen und
gedächtnissmässiges Einprägen geübt werden. Im Gymnasium wird das Verständniss und die Beurtheilung aller durch
die Sinne aufgenommenen Gegenstände mittels der Dialektik,
Grammatik, Rhethorik und der übrigen realen, auf Grund

des „.... und „............ g...... .... und Künste herangebildet werden. Die Akademie (Universität) endlich wird vorzugsweise Jenes heranbilden, was auf den Willen Bezug hat; nämlich die Fakultäten, welche in Harmonie bringen — oder bei vorkommender Störung zur Harmonie zurückführen — lehren: und zwar das Gemüth die Theologie, den Verstand die Philosophie, die körperlichen Lebensverrichtungen die Medicin, und die äusseren Güter die Rechtswissenschaft."

Solche Steigerung entspricht nach § 7 der „wahren Methode, die Geister zu bilden", nach welcher man „zuerst die Gegenstände selbst den äusseren Sinnen vorführt, welche von ihnen unmittelbar getroffen werden. Dann sollen die inneren Sinne geweckt werden, damit sie die durch äussere Empfindung eingedrückten Bilder der Dinge wiederum ausdrücken und sich vergegenwärtigen lernen und zwar sowohl im Innern durch Wiedererinnerung, als auch äusserlich durch Hand und Zunge. Nachdem dies alles vorbereitet ist, soll erst der Verstand eintreten, und alles durch genaue Betrachtung mit einander vergleichen und gegen einander abwägen, um die Verhältnisse der Dinge gründlich kennen zu lernen, woraus ein wahres Verständniss und eine richtige Beurtheilung derselben hervorgehen wird. Endlich mag der Wille (der Mittelpunkt des Menschen und aller seiner Handlungen) sich gewöhnen, seine Herrschaft auf alles mit Recht auszudehnen. Vor dem Verständniss der Dinge den Willen bilden zu wollen (wie vor der Einbildungskraft den Verstand und die Einbildungskraft vor der Sinnlichkeit) ist verlorene Mühe."

Dieser richtigen psychologischen Einsicht entsprechen auch die sorgfältigen Grundsätze und Bestimmungen des Comenius über die Stufenfolge der Pensen, der Gang vom Bekannten zum Unbekannten, vom Leichteren zum Schwereren, vom Konkreten zum Abstrakten in dem Kap. XVI

über die Erfordernisse des Lehrens und Lernens, im Kap.
XVII die Grundsätze über die Leichtigkeit des Lehrens und
Lernens, im Kap. XVIII über die Gediegenheit desselben,
woselbst es im § 32 heisst:

„In den Schulen sollen demnach alle Studien so an-
geordnet werden, dass sich das Spätere jederzeit auf das
Frühere stütze, das Frühere aber durch das Spätere Befestigung erhalte."

Dem Gedächtniss verlangt er ebd. mit Vives im § 33
täglich etwas anzuvertrauen, denn „je mehr Du ihm an-
vertrauen wirst, desto treuer wird es alles bewahren, je
weniger, desto weniger treu." Sagte doch Vives: „Man
lasse das Gedächtniss nicht rasten. Es giebt nichts, das in
gleicher Weise so gern arbeitet und eben dadurch gefördert
wird."

14. Zu S. 18: Lindner bemerkt a. a. O. im Vorwort:
„Sein Wirken ist so bedeutungsvoll, dass der grossartige
Fortschritt, der sich auf dem Felde des Unterrichtswesens
vor unsern Augen vollzieht, nur als ein Rückgang zu seinen
Erziehungsgrundsätzen, zu seinen Unterrichtsnormen bezeichnet werden kann." Dies gilt in vieler Hinsicht auch
gerade in Bezug auf Inhalt und Methode des ersten Epoche
machenden Werkes, welches Comenius verfasst hatte, nämlich
der Janua linguarum reserata. Von dieser Schrift sagte sogar
ein Pierre Bayle, von dessen hämischem Spotte sonst selbst
Comenius nicht verschont bleiben sollte: „Quand Comenius
n'aurait publié que ce livre-là, il se serait immortalisé." Und
in der That auch diese Janua erscheint für ihre Zeit als eine
ganz gewaltige Leistung. In 100 Abschnitten, welche in 1000
Sätzen de omni scibili handeln, bietet sie dem Leser
„in einem kurzen Begriffe die ganze Welt und die lateinische
Sprache." Wenn wir just in der Gegenwart eben wieder
darauf ausgehen, an Stelle der theoretisch-grammatischen
Unterweisung die praktische Anleitung zu sprachrichtiger

Redeweise zu setzen, wenn wir in erster Linie fleissige
Einübung und Anwendung der wirklich nothwendigen
Formen und Ausdrücke in sprachrichtiger Gestalt sowie in
den mannigfachsten Verbindungen, in denen sie in der
lebendigen Rede vorkommen, fordern, wenn wir der Erreichung
dieses Zieles die grammatische Belehrung mindestens unter-
ordnen, wenn wir dies nicht blos in der Volksschule etwa
nach der Weise, wie sie Kahnmeyer und Schulze in ihrer
Schrift „Zur Umgestaltung des Unterrichts in der deutschen
Sprachlehre" (3. Aufl. Lpz. u. Braunschweig b. Wollermann
1890) geschildert haben, thun, sondern Aehnliches für die
höhere Schule verlangen und wenigstens auch in dieser dem
mehr praktischen Betriebe des Sprachunterrichts durch
vereinfachende Umgestaltung der Satzlehre im Sinne von Franz
Kern's „Grundriss der deutschen Satzlehre" und seiner Schrift
„Zur Reform des Unterrichts in der deutschen Sprache" ge-
recht zu werden suchen, so hat in allen diesen Rücksichten
bereits die Janua ling. res. Aehnliches im Auge gehabt.
Gerade hier wendet sich Comenius dagegen, dass man die
Jugend vollpfropfe mit blossen Benennungen der Dinge, ohne
sie deren sachliche Bedeutung zu lehren, aus Vokabularien
und Wörterbüchern vereinzelte Worte statt zusammenhängende
Sätze, die reelles Wissen enthalten, lernen lasse, sie mit
überflüssigen grammatischen Regeln peinige. Der Schade
dieses Unterrichtsbetriebs sei der: „Die Vorbereitung auf das
Leben verzehrt das Leben." Demgegenüber lehrt „die
Sprachenpforte" das Latein wirklich als Sprache, als lebendige
Rede mit ihrer Mannigfaltigkeit der Ausdrücke und der Ge-
dankenverbindungen. Darum enthält der lateinische Text,
dem zur Seite der in der Muttersprache steht, nur Sätze, erst
einfachere, dann zusammengesetztere und schwierigere. So-
fort wird der Zögling auf die Bedeutung hingewiesen, die
er durch Anwendung kennen lernt, die erst im eigentlichen,
darauf im übertragenen Sinne, endlich durch Vorführung

von Synonymen und Gegensätzen geschieht: auch die Ver-
änderungsfähigkeit der Wortstämme wird an Ableitungen
und Zusammensetzungen klar. An 8000 Worte in 1000
Sätzen werden so dem Schüler eingeprägt, aber eben in
keiner Hinsicht blos als mechanisch angeeigneter Gedächt-
nissstoff, auch ohne dass irgend eine grammatische Regel
oder Ausnahme vorkommt. Während noch heute in alt- und
neusprachlichen Lehrbüchern zusammenhangslose Sätze in
allen möglichen Bereichen der Wirklichkeit unstät und ohne
Ordnung umherfahren, schliessen die Sätze der Janua sich
zu 100 Kapiteln zusammen, von denen jedes ein in sich
übereinstimmendes schon durch kurze Ueberschriften kennt-
liches Ganze bildet. Ja auch diese verschiedenen Kapitel
ordnen sich einem höheren Ganzen ein. Auswahl, Gliederung und Umfang des Stoffes sind in d e r Weise geschehen,
dass begonnen wird mit der Besprechung Gottes und seiner
Schöpfung, des Weltgebäudes, darauf die vier Elemente,
dann die Naturreiche: Steine, Pflanzen, Thiere, demnächst
im Besonderen der Mensch nach Leib und Seele, seine Arbeiten und Lebensumstände erörtert werden. Dann wird
übergegangen zur Familie, Stadt und Staat, zu der Kirche
und ihren Religionsformen, zu Krieg und Frieden. Des Wei-
teren bilden den Inhalt des Buches: Schule und Unterricht,
Wissenschaften und Künste, Tugenden und Laster, Tod und
Begräbniss, göttliche Vorsehung und die Engel.

Pappenheim sagt mit Recht: „Das Buch giebt, bei-
nahe völlig ohne Berührung des geschichtlich Vergangenen
dem Zögling nichts Geringeres als ein vollständiges, in sich
zusammenhängendes, auf christlichem Unterbau ruhendes
Weltbild seiner Zeit, das mittels sicherer methodischer Be-
handlung bei ihm zu klarer und fester Aneignung gelangen
soll. Bacons Empirismus wirkt bei dieser reichen Vorführung des Thatsächlichen deutlich mit; das scholastische Be-
hagen an einseitigem Hantiren mit abstracten Begriffen ist

abgethan: die Aussenwelt ist zu ihrem Rechte gekommen; so jedoch, dass daneben und in höherem Grade, das geistige und das sittliche Leben als die höchsten Offenbarungen der Menschenseele zur Würdigung gelangen."

Pappenheim hebt darum nachdrücklich hervor, dass Comenius auf solche Weise im Jugendunterrichte zum eigentlichen Schöpfer des sogenannten R e a l wissens wurde. Andererseits betont er nicht minder richtig, dass derselbe jedem banausischen Unterrichtsbetriebe gleichwohl sehr ferne stand. Es sei vielmehr eine arge Verkennung des Comenius, wenn spätere Zeiten, wie zuweilen das vorige Jahrhundert, ihr stürmisches Drängen auf Sachunterricht für die Zwecke des p r a k t i s c h e n Lebens, im Gegensatze zum Sprachunterricht, mit dem Namen des Comenius zu schützen suchten, wenn sie gar, sich auf ihn berufend, für die Schule insbesondere gewerblichen Unterricht zu verlangen nicht müde wurden. „Sie zertrümmerten seinen Himmel und Erde umspannenden Meisterbau, um daraus für ihr verstandesnüchternes Wohnhaus wenige Bausteine zu verwenden. Allerdings spricht Comenius in der „„Sprachenpforte"" von der Müllerei, der Viehzucht, dem Fleischerhandwerk, der Kochkunst, jedoch nicht, um sogenannte praktische, dem Broderwerb dienliche Kenntnisse zu geben. Ihm lag, wie im Leben, so im Unterrichten das Banause fern. Aber in einem vollständigen Weltbild durfte doch auch das Alltägliche und Gewöhnliche nicht fehlen, und wenn er ihm darum neben den idealen Gestaltungen des Lebens einen Platz einräumte, so war er doch weit davon entfernt, es mit dem Anspruche des Notwendigsten oder vorzugsweise Nützlichen in den Vordergrund des Wissenswerten zu stellen."

15. Z. S. 20: Vgl. Eug. Pappenheim a. a. O., S. 19 ff. wo es heisst: „Die heutige Zeit rühmt als die Männer, denen sie die Neugestaltung des Erziehungswesens vorzugsweise verdanke, die Philanthropen, Rousseau, Pestalozzi und seine

Schüler, Kant und Fichte. Diese Männer — so sagt man — haben uns davon überzeugt, dass auf der Verbesserung der häuslichen Erziehung und auf ihrer Ergänzung und Steigerung durch die öffentliche, das Gemeinwohl beruhe, daher Staat und Gemeinde es sich selbst schuldig seien, an der Arbeit mitzuwirken und sie durch ihre Macht und ihre Geldmittel zu fördern — — — — — Wenn dies die neuen Grundlagen sind, auf denen in unserm Jahrhundert die Mitarbeit der Erziehung an der allgemeinen Gesittung sich bewegt, wenn wir in ihnen mit Zuversicht einen Besitz des öffentlichen Bewusstseins für alle Zeiten sehen — — — — so gebietet doch die Wahrheit auszusprechen: all dies Grosse und Gute hat schon Comenius gedacht, empfunden, angestrebt. In seinem pädagogischen Hauptwerke, der „Grossen Lehrkunst" (Didactica magna) ist es Wort für Wort niedergelegt. — — — Harmonisch entwickelnde Menschenerziehung auf evangelischem Grunde — das, mit einem Wort, ist es, was Comenius gelehrt hat." —

Dass die Volksschule in Wahrheit erst ihren Namen verdienen wird, wenn, wie Comenius wollte, die Kinder aus allen Ständen sie besuchen oder wenigstens durch sie durchgegangen sein müssen, ist eine auch sonst oftmals, besonders in den Lehrerkreisen ausgesprochene Behauptung. Man hat sogar geglaubt, im Interesse socialer Ausgleichung eine dieser Behauptung entsprechende Forderung erheben zu sollen. Allein so lange nicht nachgewiesen ist, dass die seminaristische Bildung der Lehrer die für die Volksschullehrer beste und ausreichende, noch immer zeitgemässe Vorbildung ist, so lange vielmehr — wie auf dem jüngsten deutschen Lehrertage (und ebenso ist es auf mehreren Provinzial-Lehrertagen geschehen) — von den Volksschullehrern selber das Gegentheil behauptet wird, stellen sich der Berechtigung wie vollends der praktischen Durchführung dieser Forderung

gar erhebliche Bedenken entgegen. Wollte man, wie es
wohl anginge, das Pensum der Unterstufe der Volksschule
anderthalbjährig, das der Mittelstufe zweijährig, das der
Oberstufe auch nur zweijährig gestalten, so liesse sich das
gewünschte Ziel wohl erreichen. Denn man würde die
Aufgabe der Volksschule bei Festhaltung des achtjährigen Schul-
besuchs auch dann kaum wesentlich zu beschränken brauchen,
wohl aber für die Unterstufe noch ein halbes ihr hinzuzu-
rechnendes Jahr und für die Mittelstufe und Oberstufe je ein
ganzes ihnen folgendes Jahr gewinnen, welches wesentlich nur der Sicherung, Wiederholung, Vertiefung und Einübung des vorher Erlernten zu widmen sein würde, je nach
zwei, bezw. drei Jahren würde ein gewisser Abschluss im
Pensum der Volksschule, d. h. am Ende der Unter-, Mittel- und
Oberstufe, erreicht werden. So dürfte von der Unterstufe in
die höhere Lehranstalt, von der Oberstufe in die Mittel-
schule sich ein natürlicher Uebergang finden lassen, ohne
dass vorzüglich begabte Schüler, deren Eltern auch
das Opfer und die Kosten für deren höhere Ausbildung
tragen wollen, gezwungen wären, den für sie später zu
schleppenden Gang volksschulmässigen Elementar-
unterrichts länger durchzumachen, aber auch, ohne dass
diese Kinder schon im 7. und 8. Lebensjahre von denjenigen
anderer Stände geschieden zu werden brauchten, und endlich, ohne dass es nöthig wäre, Vorschulen für die höheren
Lehranstalten oder Mittelschulen beizubehalten, bezw. ein-
zurichten. Allerdings müssten die Gymnasien dann schon mit
einer Septima für das 3. Schuljahr (8. Lebensjahr) einsetzen;
aber auch nur zwei Jahre gemeinsamen öffentlichen
Unterrichts für die Kinder aller Volksschichten wären immerhin von nicht zu unterschätzender socialer Bedeutung:
selbstverständlich nur bei der Voraussetzung angemessenerer,
der wissenschaftlichen Bildung mehr angenäherter Vorbildung
der Volkschullehrer. Comenius konnte bei dem, was er in

seiner Zeit vorfand, überhaupt nichts anderes bei seinem
Plane einer zusammenhängenden Organisation aller Schul-
arten voraussetzen, als dass die Lehrer an sämmtlichen Schul-
arten wesentlich dieselbe, jedenfalls gleichartige —
theologisch-philologische — Vorbildung genossen hätten. —
Wird man auch niemals verlangen dürfen, dass Privatschulen
verschwinden, die etwa noch schneller als selbst die Unter-
gymnasien begabte, theils vielleicht auch zugleich körperlich
zu schonende, Zöglinge fördern: so ist doch andererseits
wohl kaum daran zu zweifeln, dass — sei es auf dem an-
gedeuteten oder auf anderem Wege — die Zukunft allmählig
eine solche Organisation des öffentlichen Schulwesens
schaffen wird, bei welcher wenigstens in ihrer Unterstufe die Volksschule die einzige Anstalt ist,
in welcher, sofern es in öffentlichen Schulen geschehen
soll, die Kinder aller Stände ihren ersten Unterricht erhalten können und müssen.

Nachwort.

Amos Comenius hat seine didactischen Schriften an seinem Lebensabende noch selber gesammelt und herausgegeben. Das werthvolle Werk ist in einem stattlichen, vier Quart-Volumina enthaltenden Gesammtbande erschienen. Der erste Band und Theil enthält das hochwichtige und weitaus bedeutendste Werk des berühmten Mannes, welches gerade in dieser Schrift vorzugsweise berücksichtigt worden ist. Und wohl s e i n e t wegen mag in erster Linie die Prager Universitätsbibliothek ihr Exemplar der „Opera didactica omnia" des Comenius, dieses höchst seltenen Buches, so werth halten, dass sie diesen Schatz mit beispielloser Pietät hütet. Denn, wie uns auch Dr. G. A. Lindner in seiner Schrift über Johann Amos Comenius (S. LXXII, Anm. 1)) versichert, giebt sie das Buch „zur Benutzung ausserhalb der Bibliotheksräume nicht heraus".

Mögen die Comenius-Feiern dieses Jahres das Ihrige dazu beitragen, die weitesten Kreise, vor allen die der Lehrerwelt, davon zu überzeugen, dass in der That in den pädagogischen Gedanken und Lehren des Comenius ein Schatz unvergänglicher Erziehungs- und Unterrichtsweisheit enthalten ist, welcher immer noch eine gründlichere und ausgebreitetere Würdigung verdient, als er sie bisher gefunden hat!

So viele Schriften seit mehreren Jahrzehnten über Comenius vorliegen und zumal aus Anlass der diesjährigen Gedächtnissfeiern erschienen sind; dennoch sind in keiner derselben, so viel ich gesehen habe und so weit meine Erinnerung oder mein Urtheil nicht trügen, gerade diejenigen

Gesichtspunkte als die eigentlich wesentlichen für das Verständniss der sachlichen und geschichtlichen Bedeutung des Mannes hervorgehoben, welche ich in der vorliegenden Schrift als solche hingestellt habe. Dieselben sind des Näheren beleuchtet im § 5 des Abschnitts I derselben auf S. 13 bis 18 und in den Kopftiteln dieser Seiten genau bezeichnet. Jedoch nur im Zusammenhange mit den Gesichtspunkten der voraufgehenden wie nachfolgenden §§ dieses Abschnitts meiner Schrift, für welchen allein ich den Anspruch auf volle Originalität der Auffassung und Darstellung des Sachverhalts erhebe, können sie in ihrer ganzen Tragweite verstanden werden und erlangen sie ihr volles Gewicht.

Hiermit sind zugleich die Gründe angedeutet, welche innerlich den Vf. zur Veröffentlichung dieser Schrift bewogen haben, deren erstem Hauptabschnitte ein Vortrag zu Grunde liegt, mit welchem er selber auf der am 28. März ds. Js. in Sterkrade abgehaltenen Lehrerkonferenz des von ihm verwalteten Schulaufsichtskreises Ruhrort die Comenius-Feier, der diese Versammlung vorzugsweise gewidmet war, eingeleitet hat, während über das Leben und die Lehren des Mannes Mitglieder der Lehrerschaft selber in recht dankenswerther Weise sprachen.

Während der letzten Tagung unseres Abgeordneten-Hauses, besonders in den ersten drei Monaten dieses Jahres, zeigte es sich aus Anlass der Berathungen über den Volksschulgesetzentwurf, eine wie ernste und wichtige Angelegenheit die gedeihliche Entwicklung der Volksschule für die weitesten Schichten unserer Bevölkerung ist. Die Einen traten ebenso begeistert ein für ein Gesetz, welches viele Vorzüge enthielt und jedenfalls Ordnung und gleiches Recht in einem so umfassenden Verwaltungsgebiete geschaffen haben würde, wie die Anderen es scharf verurtheilten. Die Aufregung war zweifellos bei Anhängern wie

Gegnern gross. Die leitenden Kreise mochten es nicht
über sich gewinnen, einem Volke, welches gern und willig
dem für alle Parteien und Schichten desselben massgebenden
Schulzwange sich fügt, ja diesen als Wohlthat anerkennt,
gegen die ernsten Bedenken einer grossen und ansehnlichen
Minderheit sowie vieler sachkundiger Kreise ein Gesetz auf-
zubürden, an dessen Bestimmungen irgend eine derjenigen
Parteien und Volksschichten, welche als feste Stützen der
Ordnung und einsichtige Träger der geistigen Bildung in
unserem Staate sowie als gediegene Führer des öffentlichen
Lebens sich bewährt haben, Aergerniss erregenden Anstoss
nehmen müsste. Es war eine merkwürdige Fügung des
Schicksals, dass eben in jenen Tagen, für so manchen Ort
wohl fast in demselben Augenblicke, wo in Folge Bekannt-
werdens eines hochherzigen Entschlusses die bezeichnete
Aufregung beschwichtigt wurde, gerade die gewaltige Gestalt
desjenigen Mannes, welcher der Schöpfer des Schulwesens
der Neuzeit ist, durch die Feier des 300-jährigen Geburtstages desselben den weitesten Kreisen unserer Nation unmittelbar vor Augen treten sollte: es lag darin ein deutlicher
Wink der Vorsehung, dass in Preussen und Deutschland die Zukunft der Volksschule denen gehören wird, welche für sie
wirken werden in der ebenso frommen wie duldsamen Ge-
sinnung des über jeden eigensinnigen Fanatismus und jede
confessionelle Engherzigkeit trotz seiner priesterlichen Streng-
gläubigkeit stets weit erhabenen Amos Comenius.

Ruhrort, den 21. Juli 1892.

Dr. Witte.